Guía de lectura

Escrita por Aurore Touya
Traducida por Marta Sánchez Hidalgo

Oliver Twist

de Charles Dickens

Entiende fácilmente la literatura con

ResumenExpress.com

www.resumenexpress.com

CHARLES DICKENS

- **Nacido en 1812 en Portsmouth (Inglaterra)**
- **Fallecido en 1870 cerca de Rochester (Inglaterra)**
- **Algunas de sus obras:**
  - *Cuento de Navidad* (1843-1848), novela
  - *David Copperfield* (1849), novela
  - *Grandes esperanzas* (1861), novela

Charles Dickens, nacido en 1812, es un novelista británico. Sus novelas son hoy en día clásicos, muestran la sociedad de su época y denuncian las injusticias cuyas víctimas son los pobres y los débiles. Suelen describir a un personaje con una infancia desgraciada que, a fuerza de tenacidad, consigue escapar de la existencia miserable y convertirse en un adulto respetable, como en *David Copperfield* (1849) y en *Grandes esperanzas* (1861).

Ha influido en muchos novelistas franceses del siglo XIX y XX, desde Anatole France a François Mauriac.

OLIVER TWIST

UN CLÁSICO DE LA LITERATURA BRITÁNICA

- **Género:** novela
- **Edición de referencia:** Dickens, Charles. 2004. *Oliver Twist*. Traducido por Josep Marco Borillo y equipo de la Universitat Jaume I de Castellón. Barcelona: Alba editorial
- **Primera edición:** 1837
- **Temáticas:** huérfano, delincuencia, injusticia, ironía, pobreza, Londres

Oliver Twist apareció primero como una novela en fascículos y se publicó en 1837. Se trata de la segunda novela de Charles Dickens, que relata las aventuras del héroe con el mismo nombre, huérfano de nacimiento, maltratado en su infancia, que se une a un grupo de jóvenes ladrones londinenses. El relato se va pareciendo a una investigación a medida que descubrimos que Oliver se mantiene en la miseria a causa de un grupo de personajes mal intencionados que quieren despojarle de su herencia.

Oliver Twist está considerado hoy en día un clásico de la literatura británica y se lee en todo el mundo.

RESUMEN

PREFACIO DEL AUTOR

Charles Dickens explica sus intenciones: quiere hacer «un gran servicio a la sociedad» y mostrar en su novela «la triste realidad»: mostrando el horror de la vida de un ladrón, quiere superar las apariencias y mostrar que este tipo de existencia no depende de un carácter, sino de la forma en que la sociedad trata a los más débiles.

La novela está dividida en 53 capítulos, que hemos reagrupado aquí, para mayor claridad, según las etapas de la vida de Oliver.

N. B.: cada capítulo está precedido de una frase corta de presentación de la acción que se narra como tradición heredada de los novelistas ingleses del siglo XVIII.

PRIMERA ETAPA: LA TRISTE INFANCIA Y LA HUIDA (CAPÍTULOS 1-8)

Presenciamos el nacimiento de Oliver Twist, un huérfano. Pasa una infancia triste, en casa de la señora Mann y luego en casa del señor Sowerberry. Termina huyendo tras una pelea provocada por Noah Claypole. Cuando llega a Londres, conoce a Jack Dawkins, alias el Lince, que le presenta a Fagin.

Oliver conoce a Fagin y a su banda. Le gustaría ingenuamente trabajar con ellos y sufre las consecuencias de un robo que no ha cometido. A Oliver le miman por primera vez en casa del señor Brownlow que lo acoge después del asunto del robo. Fagin y su banda quieren recuperarlo y envían a Nancy para secuestrarlo. Oliver se reintegra a regañadientes al grupo de ladrones. Fagin lo envía a casa de los Sikes. Se unen a Toby Crackit y Barney que hacen entrar al joven en una gran casa para robar. Pero la acción se ve interrumpida bruscamente: dos hombres disparan a Oliver. Bumble habla con la señora Corney, la anciana administradora del hospicio y le hace ver el interés que tendrían en casarse; ella acepta. La señora Corney presencia la agonía de una empleada del hospicio, que le confiesa que robó una joya a una joven de parto.

Por su lado, Sikes y Toby cuentan el fracaso de su operación: al huir, abandonaron a Oliver en un foso. Fagin intenta encontrarlo: Monks, otro rufián, le informa.

Oliver se despierta en un foso a la mañana siguiente. Se presenta delante de la casa en la que tuvo que entrar la noche anterior y le acoge una joven, Rose Maylie. Mientras Oliver guarda cama y lo cuidan, los habitantes se preguntan qué hay que hacer con él y llaman a la policía. Pero liberan a Oliver y se recupera poco a poco.

Lo llevan convaleciente al campo con Rose, donde permanece tres meses para su felicidad. Rose, que está muy enferma, vence finalmente a la enfermedad.

Harry Maylie, el hijo de la señora Maylie, quiere casarse con Rose, pero su madre le recuerda que su nombre está mancillado y que este matrimonio podría salir mal. Harry se declara a Rose, que le quiere, pero le rechaza por su pasado y ausencia de dote.

Oliver, por su lado, cree que Fagin y uno de sus hombres le han espiado.

TERCERA ETAPA: MISTERIOS, ARTIMAÑAS Y MANIPULACIÓN (CAPÍTULOS 37-48)

A Bumble, que ahora es el vigilante del hospicio, le visita un hombre extraño (Monks) que quiere informarse sobre el nacimiento de un niño en el hospicio. Monks compra a los Bumble un medallón que pertenecía a la madre de Oliver con la inscripción «Agnes» y se deshace de él. Se lo cuenta a Fagin y Nancy sale en busca de Rose Maylie.

Nancy le revela a Rose el plan de Monks, que sería el hermano de Oliver y que quiere despojarlo de sus posesiones. Rose va a encontrar a Brownlow; con éste, el doctor Losberne y la señora Maylie, deciden hacer todo lo posible para ayudar a Oliver.

Noah Claypole y Charlotte llegan a Londres. Noah se encarga de conseguir noticias del Lince al que han detenido y luego de seguir a Nancy. Asiste al encuentro nocturno entre Nancy, Brownlow y Rose: Nancy les describe a Monks, lo que reaviva algunos recuerdos de Brownlow.

Sikes, que se siente traicionado, mata a Nancy y huye tras el asesinato.

CUARTA ETAPA: REVELACIONES Y DESENLACE (CAPÍTULOS 49-53)

Brownlow hace capturar a Monks: su verdadero nombre es Edouard Leeford, es el hermanastro de Oliver Twist. Su padre era amigo de Brownlow.

Olivier se entera de que es hijo de Edwin Leeford y de Agnes Fleming, su joven amante. Su madre moribunda encargó a Monks que siguiera al descendiente ilegítimo de Leeford y que se encargara de que nunca recibiera su herencia. Rose, por su parte, es la hermana pequeña de Agnes. Todas estas revelaciones conducen a la boda de Rose y Harry. La muerte de Dick, amigo de la infancia de Oliver, interrumpe las buenas noticias.

Castigan a los culpables: Sikes muere intentando escapar y Fagin es condenado a la horca.

El epílogo presenta la situación de los personajes después del desenlace: la herencia, una suma muy modesta, se divide entre Oliver y Monks, que la malgasta y muere en algún sitio por América. A Oliver le adopta Brownlow; Grimwig y Losberne se hacen amigos, Noah Claypole se convierte en informante para la policía y a los Bumble los destituyen de sus funciones.

ESTUDIO DE LOS PERSONAJES

OLIVER TWIST

Es el héroe epónimo de la novela. Es huérfano de nacimiento y crece en casa de la señora Mann, que acoge a niños y que lo maltrata y alimenta mal. Con nueve años, Bumble lo saca de allí para llevarlo al hospicio y luego a casa de los Sowerberry.

Oliver se escapa y llega a Londres, donde cae en manos de la banda de Fagin: es un niño ingenuo y bueno cuyo tierno rostro refleja la generosidad de su carácter, que confía demasiado rápido en los personajes que conoce. A partir del episodio del robo en casa de los Maylie se da cuenta de la gravedad de las actividades de la banda.

Oliver representa la figura del inocente: los avatares de la vida lo han hecho cabeza de turco y una víctima de la maldad de los hombres, mientras que su nacimiento lo destinaba a una situación cómoda. Encarna la infancia maltratada, tema recurrente en las novelas de Dickens. La novela está construida alrededor de una búsqueda de justicia para este personaje, que permite al final restablecer el orden y darle a Oliver la felicidad que le pertenece. Su nombre (*twist* significa en inglés «codo», «giro») simboliza la inversión entre la situación inicial (la miseria y la desgracia) y la situación final (la riqueza y la felicidad).

LOS PERSONAJES SECUNDARIOS

Se pueden dividir en dos grupos: por un lado, los contrarios a la búsqueda de Oliver, que son los personajes malintencionados que quieren aprovecharse del niño; y por otro lado, los ayudantes que, por el contrario, lo apoyaron para salir de la miseria y a progresar de episodio en episodio hacia una situación mejor.

Los contrarios

- Bumble. «Un hombre gordo, y también colérico» (Dickens 2004, cap. 2), es pertiguero de justicia y se encarga de ejecutar los veredictos y de detener a los delincuentes. Su nombre evoca en inglés los sustantivos bumbleblee, que designa a un abejorro y bumbler, que se aplica a alguien manazas, torpe: la onomástica señala de inmediato que Bumble es un personaje poco recomendable. Es cruel, despectivo e hipócrita, desarrolla teorías por las que no hay que alimentar a los pobres si queremos que permanezcan tranquilos; para él, los indigentes sólo tienen un cuerpo, sin alma ni espíritu. Es un hombre con un «corazón [...] impermeable» (Dickens 2004, cap. 36), se casa con la señora Corney por puro interés y miente a Brownlow diciendo que no ha vendido el medallón a Monks. Cuando se restablece la justicia, lo destituyen de sus funciones y lo dejan fuera de combate.
- Sowerberry. Empresario de pompas fúnebres de la parroquia, su nombre evoca en inglés el substantivo *sourberry*, es decir, una baya ácida. Oliver tiene diez años cuando va a su casa como «criado» (Dickens 2004, cap. 4): Sowerberry lo explota sin escrúpulos. Encarna como Bumble la maldad y la falta de escrúpulos.
- Noah Claypole. Es un niño que también trabaja en casa de

Sowerberry, maltrata a Oliver y lo anima a huir. En este sentido tiene un papel fundamental en la vida del héroe que vive desde entonces en Londres. Es oportunista, denuncia a Fagin después de haber trabajado para él y se convierte en informante de la policía. Pero se puede perdonar a Noah antes que a Bumble y Sowerberry porque, por ejemplo: tuvo como Oliver una infancia complicada en la que seguramente se aprovecharon de él.

- Jack Dawkins. Es carterista, lo apodan «el Lince» por su astucia y recluta a Oliver para Fagin. Se le describe como un personaje extraño, aunque no despierta sospechas en Oliver: «Era del montón, chato, con la frente plana, y era tan sucio como era de esperar de un adolescente de este tipo, pero tenía todos los aires y maneras propios de un hombre» (Dickens 2004, cap. 8). Es un personaje clave porque hace que Oliver caiga en el mundo de los ladrones en el capítulo 8.

- Fagin. Primero se le presenta como un «un judío anciano y arrugado, cuyo feo y repulsivo rostro se ocultaban bajo una gran cantidad de greñas pelirrojas» (Dickens 2004, cap. 8). Es un anciano autoritario y manipulador, dirige la banda de los ladrones y logra convencer a Oliver para que forme parte de ella: «Habiéndole mentalizado mediante la soledad y la tristeza para que prefiriese cualquier tipo de compañía a la de sus propios lúgubres pensamientos en un lugar tan inhóspito, ahora le estaba inculcando lentamente en su alma el veneno que esperaba que la ennegreciera y le cambiase el color para siempre» (Dickens 2004, cap. 19). Fagin acumula todos los vicios que puede tener el hombre: es un ladrón, un embustero, sólo piensa en su interés y está dispuesto a todo para conseguir sus objetivos. Su pena de ahorcamiento en el capítulo 50 simboliza la justicia que organiza la vuelta a un mundo calmado.

- Monks. Truhán que resulta ser el hermanastro del héroe. Aunque su acción fuera imperdonable (hace todo para despojar a Oliver de su herencia), más tarde entendemos que obedece a una lógica de venganza familiar, después de una promesa hecha a su madre agonizante. Su muerte, relatada en el epílogo en el capítulo 51, refleja su existencia miserable e imposible de redimir.
- Charley Bates. Cómplice del Lince, trabaja para Fagin.
- William (Bill) Sikes. Es amante de Nancy, presenta «una cara ancha y regordeta» con «dos ojos ceñudos» (Dickens 2004, cap. 13) que son la imagen de su violencia y maldad. Después de matar a Nancy quien le traicionó para salvar a Oliver, muere en una terrible escena creyendo que se escapaba de sus perseguidores: el azar de la vida le reserva un destino según la gravedad de sus actos.

El grupo de los ayudantes

- El señor Brownlow. Es víctima de un robo de la banda, acoge a Oliver al que han detenido por error. Es un señor mayor respetable que se vincula indefinidamente a Oliver y no cree en su culpabilidad. Se convierte en una figura paternal de sustitución y acaba adoptando a Oliver. Encabeza junto con Rose el grupo de los ayudantes: no deja de proteger y de defender a Oliver y tiene un papel crucial en la revelación de la verdad. La señora Bedwin, su ama de llaves, le secunda. Se trata de una señora mayor y considerada que se ocupa de Oliver.

- Rose Maylie. Vive en la casa en la que han encargado a Oliver robar para Sikes, es un personaje únicamente positivo y el narrador la presenta como un ángel: «Si para seguir los buenos designios de Dios los ángeles se entronizaran en cuerpos mortales, a fe es de suponer que habitarían uno como el suyo» (Dickens 2004, cap. 29). Gracias a Nancy y ayudada por Brownlow, consigue desbaratar el complot que Monks monta contra Oliver. Rose permite el desarrollo de una segunda trama: se presenta como portadora de un nombre mancillado y renuncia a casarse con Harry Maylie, al que sin embargo quiere. Las revelaciones de Monk le permiten aclarar su situación y llevar su vida como se merece.
- El doctor Losberne. Es el médico de los Maylie. Es un hombre de confianza, ayuda a Rose y a Brownlow a desbaratar el complot.
- La señora Maylie. Es la tutora de Rose, se ocupa también de Oliver después del intento de robo.
- Harry Maylie. Es el hijo de la señora Maylie. Es un joven respetable y bien intencionado, cuyo objetivo es casarse con Rose.

Personajes en la frontera entre el grupo de los «buenos» y de los «malos»

- Nancy. Trabaja para la banda de Fagin (se prostituye aun siendo la amante de Sikes), va tanto a perjudicar como a ayudar a Oliver, lo que hace que sea un personaje complejo. Ella es quien lo rapta, pero va a buscar a Rose para revelarle el plan de Monks para que Oliver no consiga su herencia. En ese momento es cuando se inclina hacia el lado de los «buenos»: es víctima de su apoyo, tardío, pero decisivo y demuestra que la bondad puede coexistir con la miseria.

- El señor Grimwig. Es amigo del señor Brownlow, no cree en la sinceridad de Oliver y rechaza brindarle su confianza. Sin embargo, no es mal intencionado. Su mal humor habitual y su tendencia a repetir las mismas expresiones (como «comerme la cabeza») suelen ser ocasión para que el narrador se burle de él.

CLAVES DE LECTURA

UNA NOVELA SOCIAL: EMOCIONAR PARA DENUNCIAR

La novela está enteramente construida en torno a la trayectoria de la vida de Oliver Twist: es huérfano de nacimiento, lo maltratan en su infancia, sólo conoce la miseria y cae en la delincuencia. El autor muestra así cómo algunas existencias están socialmente determinadas, lo que se opone a las nociones de justicia y de igualdad: Oliver no se merece el destino que se le reserva y quienquiera que conociera tales disgustos caería en el crimen. Dickens muestra claramente esta visión, que es la suya, en la novela y coloca en la boca de ciertos personajes ayudantes palabras que apoyan esta idea (por ejemplo, Rose, cuya clarividencia estalla en el capítulo 29: «Aunque haya obrado mal [...] piense en lo joven que es; piense que quizás no haya conocido jamás el amor de una madre, ni el calor de un hogar, y que puede que los golpes y los malos tratos, o la falta de un trozo de pan que llevarse a la boca, le hayan forzado a juntarse con esos hombres que le han obligado a delinquir»).

Dickens describe minuciosamente los barrios pobres londinenses en los que el personaje evoluciona y la mezquindad de los que lo explotan, que constituyen el paisaje de esta trayectoria. Usa los recursos del realismo (abundancia de nombres de lugares, de detalles sobre la vida de Londres) para componer un universo preciso reproduciendo, por ejemplo, en los diálogos el habla popular y las expresiones familiares empleadas por los londinenses pobres (como el argot que abunda en los diálogos de Jack Dawkins y Bill Sikes). En contraste con este universo cruel y violento, suele recordar la bondad de Oliver, un héroe inocente que el único error que ha cometido es haber nacido en lado equivocado, y que emociona al lector por su destino: «Estaba solo en un lugar desconocido y todos sabemos cuán espantado y afligido puede llegar a sentirse hasta el más valiente de nosotros en tal situación» (Dickens 2004, cap. 5). El relato invita de esta forma a empatizar y a compadecerse de este personaje, en particular en las escenas patéticas (por ejemplo, al final del capítulo 6, cuando vuelven a castigar injustamente a Oliver).

Pero el narrador omnisciente (que conoce todos los detalles de la historia que cuenta) puede hacer también de portavoz del autor, sobre todo denunciando las injusticias sociales. Por ejemplo, en el capítulo 3 invita a los filósofos a ponerse en el lugar del personaje maltratado por la existencia. Es un verdadero posicionamiento del autor: la historia, llena de giros y de peripecias, distrae, es cierto, pero del mismo modo transmite un mensaje sobre la sociedad del tiempo del autor y llama a la justicia.

Se le ha podido reprochar a Dickens el haber demostrado sensiblería: algunas escenas de la novela, sobre todo en el desenlace, reposan sólo en la sensibilidad y en la compasión, como en el capítulo 49 («Sean las lágrimas que se derramaron, y las palabras entrecortadas que fueron intercambiadas en el largo y estrecho abrazo entre los dos huérfanos, sagradas. En un abrir y cerrar de ojos habían hallado y perdido a un padre, a una hermana y a una madre.

Alegría y tristeza iban de la mano, pero no eran aquéllas lágrimas amargas ya que incluso esa misma tristeza quedó tan atenuada [...]»). Pero recurrir a la emoción sirve para el proyecto de denuncia de las injusticias sociales, que el autor definió en el prefacio.

EL HUMOR Y LA IRONÍA

Uno de los rasgos característicos de la escritura de Dickens es el lugar que otorga al humor y a la ironía. Emplea principalmente muchas antífrasis: esta figura literaria dice una cosa para significar lo contrario, lo que le permite denunciar algunas injusticias. Por ejemplo, en el capítulo 3, indica el hecho de que Oliver pida otra ración de sopa, una especie de papilla, el único alimento que le dan a los huérfanos, por la expresión «el impío e irreverente atrevimiento de haber pedido más comida». Está claro que el autor está del lado del joven héroe hambriento; esta antífrasis subraya la injusticia de la situación, que se ajusta un instante a la perspectiva de los miembros del consejo del hospicio y denuncia, de paso, su bajeza y egoísmo.

El humor también permite aligerar ciertos aspectos del relato, que suele estar marcado por la crueldad y la violencia. Al personaje de Grimwig por ejemplo, un hombre anciano, desconfiado y torpe, suele ridiculizarlo, lo que permite una alternancia entre calificaciones cómicas y el giro trágico de algunos acontecimientos.

EL PAPEL DE LA CIUDAD DE LONDRES

Es, ante todo, la garantía de un lugar seguro para Oliver que se ha escapado de casa de los Sowerberry: «¡Londres! ¡Ese enorme y maravilloso lugar! Nadie, ni siquiera el señor Bumble, podría encontrarle allí» (Dickens 2004, cap. 8). Sin embargo, Londres es el escenario del crimen, encarnado por todos los miembros de la banda de Fagin. La ciudad se describe como un laberinto oscuro y tortuoso, que permite los contrabandos más sospechosos.

Pero la ciudad moderna es un microcosmo que permite la coexistencia de diversos tipos de personajes: la presencia de Brownlow y de Rose termina compensando la de los rufianes junto a Oliver. De esta forma, un mismo escenario reúne tanto los vicios como las virtudes humanas y Londres aparece como la imagen compleja de la naturaleza del hombre.

PISTAS PARA LA REFLEXIÓN

ALGUNAS PREGUNTAS PARA PROFUNDIZAR EN SU REFLEXIÓN...

- ¿Podemos decir que *Oliver Twist* es una novela de formación?
- ¿Por qué podemos decir que *Oliver Twist* es una novela realista?
- ¿Cuál es la visión del hombre que Dickens desarrolla en esta novela?
- ¿Cuál es la imagen de la infancia que Dickens muestra en esta novela?
- ¿Cómo usa Dickens la noción de determinismo social?
- Compare la utilización del determinismo social en *Oliver Twist* y en una novela de Zola (escritor francés, 1840-1902) de la serie de los *Rougon-Macquart*.
- Compare la imagen de la infancia en *Oliver Twist* y en el poema *Melancholia* de Victor Hugo (escritor francés, 1802-1885).
- El cineasta Roman Polanski declaró que: «Oliver Twist tiene diferentes niveles de lectura. Es tanto un recorrido iniciático, el aprendizaje de la vida, una saga romanesca que se desarrolla en el corazón de una época fascinante donde lo peor linda con lo mejor. Como en todas sus novelas, Dickens mezcla humor y tristeza»[1]. Explique esta cita con argumentos.

---

1. Cita traducida por ResumenExpress.com

PARA IR MÁS ALLÁ

EDICIÓN DE REFERENCIA

- Dickens, Charles. 2004. *Oliver Twist*. Traducido por Josep Marco Borillo y equipo de la Universitat Jaume I de Castellón. Barcelona: Alba editorial.

ADAPTACIONES

- Dauvillier, Loïc y Olivier Deloye. 2007-2011. Cómic Oliver Twist, de Charles Dickens, 5 tomos. París: Delcourt, colección *Ex-Libris*.
- Oliver Twist. Dirigida por David Lean, con Alec Guinness, Robert Newton y John Howard Davies. Reino Unido: Cineguild, 1947.
- Oliver Twist. Dirigida por Roman Polanski, con Barney Clark, Ben Kingsley y Jeremy Swift. Reino Unido, Francia, República Checa, Italia: Runteam II Ltd., ETIC Films, Medusa Produzione, R. P. Productions, Runteam, 2005.